Fliegergarn

Für meine beiden Söhne Felix und Alexander.

Thomas P. Emmerich

Fliegergarn

Geschichten aus der Sichtfliegerei

Bibliografische Information der Deutschen National-bibliothek:

Die Deutsche Nationalbibliothek verzeichnet diese Publikation in der Deutschen Nationalbibliografie; detaillierte bibliografische Daten sind im Internet über http://dnb.dnb.de abrufbar.

© 2017 Thomas P. Emmerich

Herstellung und Verlag:
BoD – Books on Demand, Norderstedt

ISBN: 978-3-7431-0045-9

Über den Autor

Als kleiner Junge träumte ich davon, wie manch ein junger Mensch, Pilot zu sein. Die Faszination von der Leichtigkeit des Fliegens, kombiniert mit modernster Technik, angewandter Physik und Reisen inklusive Fernweh, hat auch mich früh in ihren Bann gezogen.

Stellen Sie sich einen Jungen vor, der zu Beginn einer Fahrt mit dem Familienauto eine Endloskassette in das Autokassettenradio schiebt, auf der die von ihm gesprochene Begrüssung der Passagiere wie bei einem Airliner zu hören ist.

Die Begeisterung für Flugzeuge hat mich meine ganze Kindheit über begleitet. Während unserer Ferien im Tessin habe ich meine Mutter darum gebeten, das Geschehen auf dem legendären Flugplatz Aerodromo Ascona (ICAO-Code LSZD), der heute Geschichte ist, hautnah und stundenlang beobachten zu dürfen. Regelmässig bin ich mit meinem Motorfahrrad zum Flughafen Basel-Mülhausen (ICAO-Code LFSB) gefahren, um dort beim General Aviation Bereich tagelang den Piloten und ihren Maschinen zuzusehen.

Von Papi, einem passionierten Amateurfunker, habe ich mir gerne den Flugfunk-Empfänger „geliehen" und in den Himmel gehorcht, was man sich aus den Flugzeugen so alles zu erzählen hat. Mit Papi habe ich auch den Programmiercode eines ersten Flugsimulators aus einer Computerzeitschrift Zeile um Zeile in den Computer abgetippt.

Schliesslich habe ich meinen Wölfli- und Pfadikollegen derart begeistert von meinem Hobby berichtet, dass diese mich kurzerhand auf den Namen „Astro" tauften.

Trotz des Besuchs eines Informationsnachmittags zur Berufspilotenausbildung bei der damaligen Schweizer National-Fluggesellschaft Swissair, habe ich meinen Traum vom Fliegen nicht beruflich realisiert. Dafür konnte ich mir diesen Traum kurz nach Beendigung meines Ingenieurstudiums auf privatem Wege verwirklichen. Mittlerweile darf ich auf über 13 Jahre mit einem Privatpilotenschein zurückblicken.

Unter einer Gewitterwolke erhielt ich im Rahmen eines spektakulären Ausbildungsfluges den Fliegernamen „TS-Tom", welcher für die Abkürzung „Thunderstruck-Tom" (deutsch „Donnerschlag-Tom") steht.

Ich habe viele schöne Erfahrungen mit diesem Hobby erleben dürfen, wie beispielsweise meinen ersten Alleinflug, aber auch ein paar traurige Momente, zu denen leider auch Flugunfälle von Kollegen mit tödlichem Ausgang zählen.

Gerne will ich mit Ihnen eine Auswahl meiner schönsten und lustigsten Erlebnisse – jeweils gespickt mit einer gehörigen Portion Selbstironie und Humor – teilen.

Allen, die daran beteiligt waren, mich in die geliebte Luft zu bekommen, gilt mein Dank. Das Fliegen ist eine wunderbare und einzigartige Erfahrung im Leben eines Menschen, eine Erfahrung, die ich nie missen möchte. Allen voran danke ich meiner damaligen Freundin und heutigen Frau Petra, welche mit einem Geschenkgutschein für eine Schnupperflugstunde den Startpunkt zu meiner Pilotenlaufbahn setzte.

Meinen Dank richte ich auch an die zahlreichen freiwilligen und unfreiwilligen Helferinnen und Helfer zu diesem Buch, welche mir mit Begegnungen, Erlebnissen, Ermutigung, Rat und Tat zur Seite gestanden sind.

Nun wünsche ich Ihnen viel Vergnügen bei der Lektüre und „always happy landings".

Herzlich

Thomas P. Emmerich

Der Autor auf leisen Zehenspitzen bei der
Prüfung des Öl-Füllstands an einer Cessna 172.

Haftungsablehnung

Die in diesem Buch beschriebenen Verfahren, Funksprüche, Hinweise und Aussagen – insbesondere im Zusammenhang mit der Aviatik – dienen ausschliesslich und abschliessend der Unterhaltung. Diese dürfen nicht für reale Flüge verwendet werden und erheben zu keinem Zeitpunkt Anspruch auf Richtigkeit. Sie müssen vor, während und nach einem Flug immer den offiziellen regulatorischen Anforderungen des betreffenden Landes nachkommen. In keinem Fall kann der Autor wegen möglicher Schäden, die durch den Gebrauch dieses Buchs entstanden sind, haftbar gemacht werden.

Inhalt

Steinwelt 1

Linientreu 11

Wild-Saison 15

Piloten-Shopping-Tour 19

Loslassen 25

Turmgang 29

Tea Time 37

Ausweichen 43

David gegen Goliath 49

Ihre Bordkarte bitte..53

Gretchenfrage 61

Wohin des Weges 65

Zonenkonform..71

Hasen und Amalgam 77

Vorfeld-Falle..85

Bitte warten 91

Steinwelt

Im Rahmen der fliegerischen Grundausbildung soll in der Schweiz eine sogenannte Alpeneinweisung absolviert werden. Diese dient dazu, dem Flugschüler die Besonderheiten des Fliegens im Gebirge näherzubringen. Die Schönheit der Alpen darf nicht darüber hinwegtäuschen, dass es auch beim Fliegen diverse Gefahren gibt, denen es besondere Beachtung zu schenken gilt.

Gerade für mich als Stadt-Basler – und somit Flachländer – hält das Fliegen im Gebirge einige ganz neue Erfahrungen bereit. So kann es nicht schaden, zu wissen, dass der harte Teil unseres wunderschönen Planeten sich nicht immer nur unten in Richtung Erdkern befindet, sondern einen auch zeitweise seitlich begrenzen kann, beispielsweise bei einem Flug durch ein enges Tal.

Blick aus dem Airliner in Richtung Südwesten: Auf der Höhe von Brugg im Kanton Aargau, mit Sicht auf den Hallwilersee, die Alpen, die Aare, das Kernkraftwerk Gösgen und den Jurasüdfuss.

Nun liegt Basel bekanntlich nicht in den Alpen – gut, wenn man den Jura als alpenähnlich anschaut, liegen auch wir am Fusse der Alpen, doch die richtigen „Old School"-Alpen befinden sich etwas weiter südlich von uns. Für meine Alpeneinweisung gilt es also, eine kleine Reise zu unternehmen.

Mein Flugschulfreund Daniel verfügt über eine Ferienwohnung im schönen Berner Oberland. Diese liegt sozusagen im Vorgarten der Alpen, in Zweisimmen, an einem Hang auf rund 1'500 m ü. M. Auch Daniel hat ebenso wie ich noch keine umfassende Alpeneinweisung absolviert.

So liegt es nahe, dass wir Eins und Eins zusammenzählen und gemeinsam nach Zweisimmen reisen. Daniel hat zur Verstärkung seine Frau und seine Tochter mitgebracht, ich meine Freundin Petra.

Nach einer kurzen Nacht in Daniels Ferienwohnung finden wir uns zu zweit auf dem Flugplatz Zweisimmen (ICAO-Code LSTZ) ein. Dieser wurde im Zweiten Weltkrieg als Reduitflugplatz erbaut und bis in die 1990er Jahre als Militärflugplatz genutzt.

Kaum haben wir das Auto parkiert, kommt auch schon unser Fluglehrer mit einem Lächeln auf den Lippen auf uns zugelaufen. Unseren Fluglehrer – nennen wir ihn Markus – hat Daniel extra für die Alpeneinweisung ausgewählt und gebucht. Er ist ursprünglich Militärpilot der Schweizer Luftwaffe und kennt somit die Fragestellungen der grösseren Gesteinsansammlungen in der Schweiz so gut wie seine Hosentasche.

Zuerst die Theorie des Gebirgsflugs, dann deren Umsetzung – sprich das Vergnügen. Und so sitzen wir in einer kleinen, von der Kraft der Sonne abgeschossenen Holzbaracke bei einer Tasse Kaffee und hören aufmerksam den Ausführungen unseres Fluglehrers zu. Unzählige Bücher wurden über die Besonderheiten und damit verbundenen Gefahren des Fliegens im Gebirge geschrieben. Vor uns liegt eine kleine Auswahl, mit denen der Fluglehrer seine Theorieblöcke mittels Grafiken und Skizzen illustriert.

Endlich können wir mit der Umsetzung starten. Der erste Flug geht von Zweisimmen in die **Tessiner Stube** – genauer nach Locarno (ICAO-Code LSZL) – und wird von mir pilotiert. Ich fliege das erste Mal von hier aus. Um kontinuierlich Höhe zu gewinnen, fliegen wir mehrere Runden durch das Tal über dem Flugplatz St. Stephan (ICAO-Code LSTS) und der Ortschaft Lenk. Kaum haben wir genügend Höhe erreicht, können wir bereits – flugtaktisch korrekt – einen ersten Alpenkamm überfliegen. Doch es gilt, weiter an Höhe zu gewinnen.

Ein Variometer zeigt gewöhnlich die Steig- und Sinkrate des Flugzeugs an. Doch wir stossen in derart grosse Höhen vor, bei denen das Variometer auch bei optimalem Anstellwinkel und voller Motorenleistung nicht den geringsten Gewinn an Höhe mehr anzeigt.

Das sind wahrliche Lektionen in Demut. Diese Erfahrung ist leicht unangenehm, aber extrem wichtig für ein langes Pilotenleben. Und so geniessen wir die Pracht der Alpen, während wir etwas über die menschliche Leistungsgrenze und die unserer Maschine lernen. Eindrücklich!

Wir fliegen über den Sanetschpass weiter zum Rawilpass, dann über den Plaine-Morte-Gletscher zum Simplonpass. Schon bald überfliegen wir die Grenze zum Tessin und setzen zu einer ersten Landung an. Hurra, ein flacher Teil der Erde hat uns wieder! Der Teamerfolg wird mit einer der berühmten Pizzas im Flughafenrestaurant von Locarno gekrönt.

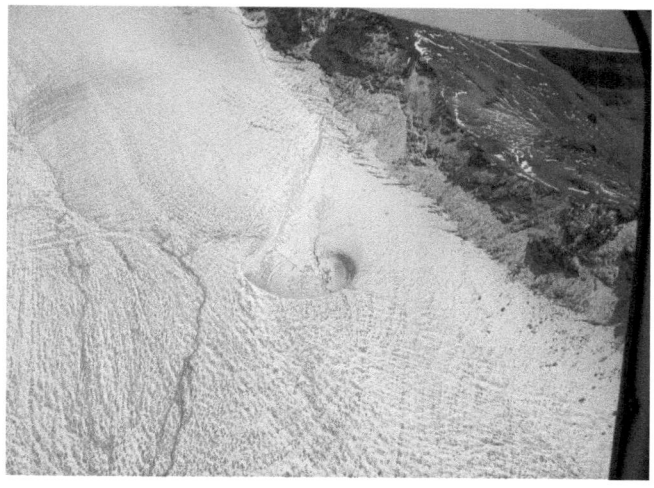

Plaine-Morte-Gletscher mit einer Gletschermühle.

Der zweite Flug unserer Einweisung führt nach Samedan (ICAO-Code LSZS), mit 1'707 m ü. M. der höchstgelegene Flughafen Europas. Diesen darf ebenfalls ich absolvieren. Nach einem sauberen Briefing durch den Fluglehrer und dem Aufgeben eines Flugplans geht es los. Räder in die Luft – Füsschen in die Höh. Wir gewinnen wieder langsam an Höhe und fliegen in Richtung Bellinzona.

So überfliegen wir den Passo San Jorio, ziehen weiter in Richtung Norden zum Splügenpass und vorbei am Piz Julier zum Silvaplanersee. Hier können wir kurz den bunten Lenkdrachenseglern von oben zusehen.

Die Dichte der Luft nimmt mit zunehmender Höhe ab. Ja, das muss man bedenken, wenn man das Flugzeug in grosser Höhe landen will. Verschlimmert wird das Ganze durch hohe Aussentemperaturen. Tendenziell hat man dann oft ein bisschen zu wenig Energie bei der Landung (sowie beim Start) und muss deshalb dem Energiehaushalt besondere Aufmerksamkeit zukommen lassen. Markus gibt dem Gashebel gekonnt einen kleinen Schubs und schon passt wieder alles wunderbar und wir setzen sanft in Samedan auf.

Glücklich, auch diesen Teil der Einweisung geschafft zu haben, kaufen wir uns im „Fan-Shop" des Flughafens stolz ein mit Flughafenname und Meter-über-Meer-Angabe besticktes T-Shirt, welches unseren

Besuch beweist. Nun geht es auch schon wieder in Richtung Zweisimmen.

Der letzte Teil unserer Alpeneinweisung beginnt und dieser geht an Daniel. Noch wissen wir nicht, dass Fluglehrer Markus noch ein paar weitere fliegerische Trümpfe in seinem Ärmel bereithält.

Nach der Pflicht folgt die Kür, zum Finale erwartet uns das grosse fliegerische Bouquet! Markus will wissen, wo genau das Ferienhaus von Daniel steht. Wir erklären es ihm und nehmen an, dass sich unsere Damen dort gerade auf den Liegenstühlen ausruhen und von der Bergsonne schmeicheln lassen.

Falsch gedacht! Wie wir erst später erfahren, liegen unsere Lieben nicht auf dem Balkon der Ferienwohnung, sondern sind sogar sehr aktiv. So sind sie kurzerhand auf den Kamm des Hangs gewandert und erfrischen sich gerade auf der Terrasse des dortigen Bergrestaurants. Sie befinden sich also in der dritten Dimension, etwas höher als von uns erwartet.

Unser Plan, den wir auch gleich in die Tat umsetzen, sieht folgendermassen aus: Wir nehmen Manövergeschwindigkeit auf, die es uns erlaubt, volle Ruderausschläge zu machen, ohne die Struktur des Flugzeuges zu gefährden. Im Fliegerlatein wird dies „Design

Maneuvering Speed" genannt und mit V_A abgekürzt. Parallel zum Hang fliegen wir auf Höhe der Ferienwohnung in deren Richtung. Dort angekommen ziehen wir die Maschine rund 45° nach oben, in eine steile 90°-Kurve nach rechts und leiten diese mit einem 45°-Winkel nach unten entlang des Verlaufs des Hangs und auf Höhe der Ferienwohnung wieder aus. Dieses Manöver wird auch als „Wing-Over" bezeichnet. Sieht, fühlt und hört sich spektakulär an und ist dank einem erfahrenen Fluglehrer dennoch sicher.

Unsere Lieben befinden sich zwar nicht auf dem Balkon der Ferienwohnung, haben aber vom Bergrestaurant aus einen hervorragenden Blick auf unsere kleine Flugshow. Eine entsprechende Reaktion bleibt nicht aus: Die Tochter von Daniel sieht das Flugzeug von unten hinaufstechen und auf der Höhe des Restaurants über den Flügel nach rechts ins Tal kippen. Sie springt von ihrem Sitz auf und ruft begeistert: „Papi, Papi!" Wie diese Vorführung bei den anderen Restaurantgästen ankommt, lässt sich heute leider nicht mehr rekonstruieren. Auf jeden Fall wissen nun alle, dass sich unsere Alpeneinweisung dem Ende nähert, da „die tollkühnen Männer in ihrer fliegenden Kiste" wieder im Tal zurück sind.

Eine unspektakuläre Landung in Zweisimmen folgt und wir bereiten das Flugzeug für den nächsten Mieter vor. Nach einem ausführlichen Debriefing fahren wir erschöpft, aber zufrieden zur Ferienwohnung zurück und werden bereits sehnlichst von unserem unfreiwilligen Flugshow-Publikum erwartet. Viel gelernt heute!

Schnappschuss im Cockpit: Sicht auf die makellosen Alpen und den unrasierten Piloten.

Linientreu

Als Piste für den Start und die Landung eines Flugzeugs kann ja bekanntlich vieles dienen. Ein gemähtes Stück Weideland oder trockene Erde in der Serengeti. Vielleicht auch eine freie Wasserfläche, sofern das Flugzeug über die hierfür notwendigen Schwimmer verfügt. Oder eben eine asphaltierte Piste, welche man zusätzlich mit diversen Bodenmarkierungen schmücken kann.

Eine dieser Markierungen heisst „Center Line" (deutsch: Mittellinie). Sie signalisiert dem Piloten die Mitte der Pistenbreite. Mein Fluglehrer hat ein inniges Verhältnis zu diesen Mittellinien. Eigentlich schon fast ein kleiner Fetisch. Und so trichtert er mir im Rahmen der Ausbildung unzählige Male ein, mich beziehungsweise das Flugzeug stets an dieser Linie zu orientieren und auszurichten.

Im Rahmen einer Ausbildungssequenz mit intensiven Landetrainings bekomme ich – sofern ich gerade vom Weg der Tugend (sprich von der Center Line) abweiche – gebetsmühlenartig die Worte „Center Line, Center Line" zu hören. Sanft ausgedrückt klingt es wie ein sprachlich ausgegebener Warnhinweis des Computers in einem modernen Grossraumflugzeug. Und böse ausgedrückt wie ein Sprung in einer Vinylplatte. Für die jüngeren Leser unter Ihnen: Eine Vinylplatte ist der störanfällige Vorgänger einer Compact-Disc und entspricht heute in etwa einer flachgedrückten MP3-Datei, welche in eine Plastikscheibe eingegossen wurde.

Eines Tages aber hat es mein Fluglehrer meiner Meinung nach mit seinem unermüdlichen Hinweis auf die Center Line übertrieben und ich fasse den Entschluss, ihm für seine Liebe zu dieser Markierung ein besonderes Geschenk zukommen zu lassen. In einer Nacht- und-Nebel-Aktion markiere ich ihm mittels selbstklebender weisser Folien eine Center Line auf seinen persönlich reservierten Parkplatz vor der Flugschule. Mein zugehöriger Komplize ist mein Flugschulfreund Daniel. Wir freuen uns wie Kleinkinder auf die kommende gemeinsame Flugstunde am nächsten Morgen. Wie wird unser Fluglehrer wohl reagieren?

Provisorische Center Line mit zentriert parkiertem Fahrzeug meines Fluglehrers.

Mein Fluglehrer hat die Einladung verstanden, angenommen und sein Auto ordnungsgemäss und sauber eingemittet auf seiner persönlichen Center Line „gelandet".

Über die mögliche Täterschaft hat er nicht lange nachdenken müssen. Gegenüber uns erweckt er jedoch keinen Anschein, dass heute Morgen irgendetwas anders wäre als sonst. Wir halten die Spannung nicht mehr länger aus und bekennen uns schuldig im Sinne der Anklage. Er schmunzelt uns an und verzeiht uns.

Erstaunlicherweise hat sich der Gebrauch des Wortes „Center Line" im Rahmen meiner weiteren Ausbildung signifikant reduziert. Woran es wohl liegt?

Wild-Saison

Einen grossen Teil meiner fliegerischen Grundausbildung geniesse ich auf und rund um den Flugplatz Bremgarten (ICAO-Code EDTG) in Baden-Württemberg, Deutschland. Dieser liegt gleich gegenüber dem französischen Kernkraftwerk Fessenheim. Auf der Luftfahrtkarte ist es aufgrund des eindringlich rot schraffierten Gebietes nicht zu übersehen. Es ranken sich sogar Sagen darum, dass man bei Verletzung dieses Gebiets von französischen Rafale-Kampfjets – freundlich, aber sehr bestimmt – auf den nächsten Militärflugplatz eskortiert wird. Danach ist die eigene Fliegerkarriere wohl eher eine Geschichte der Vergangenheit und deren Aufarbeitung eine Angelegenheit der französischen Behörden. Nun ja, wir machen immer einen grossen Bogen um das Kernkraftwerk und tangieren dieses in keinster Weise.

Mein Fluglehrer und ich toben uns hier in Bremgarten richtig aus, dürfen sogar ausnahmsweise im Rahmen eines Notfall-Trainings auf einem der Rollwege landen und verkürzte Platzrunden mit simuliertem Motorenausfall fliegen.

Im Rahmen einer Bremsübung gibt mir Thomas den Auftrag, unmittelbar nach dem sicheren Aufsetzen der Maschine diese schnell abzubremsen. Es ist ihm entgangen, dass ich passionierter Motorradfahrer bin und das Abbremsen zu einer der Hauptdisziplinen dieser Spezies gehört. Und so bremse ich die Maschine derart schnell aus, dass der Fluglehrer leicht verblüfft meint, so schnell hätte es ja auch nicht sein müssen. Wie man es macht, ist es nicht recht!

Die obigen Passagen sind ja inhaltlich schon ein wenig wild, doch haben wir es in Bremgarten auch mit richtigem Wild zu tun. Im Rahmen eines weiteren Landtrainings springt mir bei einer Landung auf der Piste 05 kurz vor dem Aufsetzen ein Reh aus dem linksseitig liegenden Waldstück von links nach rechts unter dem Flugzeug hindurch. Mein Fluglehrer erschrickt ebenfalls, reckt und streckt sich und sieht das Reh gesund und munter von dannen ziehen.

Sie wundern sich jetzt vielleicht, dass Wildwechsel in meiner Fliegerei ein Thema ist. Ja, als Städter bin ich mir dieser Gefahr zuvor ebenso nicht bewusst gewesen. Auf jeden Fall hat das Thema in die „stay safe!"-Kampagne des Bundesamtes für Zivilluftfahrt (BAZL) Eingang gefunden. Die Kampagne will die Eigenverantwortung zur Stärkung der Sicherheit in der Luftfahrt bei allen Beteiligten mittels Denkanstössen und Anregungen zur Selbstkontrolle fördern.

Poster der „stay safe!"-Kampagne des Schweizerischen Bundesamtes für Zivilluftfahrt (BAZL) mit einem Rehbock auf der Piste (Quelle/Bewilligung: BAZL, 18.08.2016).

Ich frage mich noch heute, ob uns das Reh überhaupt je in der dritten Dimension wahrgenommen hat. Egal. Unsere Wege trennten sich glücklicherweise so schnell, wie sie uns zusammengeführt haben. Und wenn sie nicht gestorben sind, dann … sind sie heute noch wild. Waidmannsheil!

Piloten-Shopping-Tour

Im Rahmen der Grundausbildung das Angenehme mit dem Nützlichen verbinden, was will man mehr? Und so fassen wir – Flugschulfreund Daniel, unser Fluglehrer Thomas und ich – den Entschluss, gemeinsam in einer Piper Archer II (HB-PQL) den „weiten" Weg von Basel nach Friedrichshafen zur dortigen Luftfahrtmesse AERO im Rahmen weiterer Flugstunden unter die Flügel zu nehmen. Als Erwerbstätige sind wir an einen arbeitsfreien Tag gebunden. Dass nicht nur wir an diesem Tag frei haben, dürfen wir später eindrücklich zur Kenntnis nehmen.

Der Hinflug geht an Daniel, auf dem rechten Sitz nimmt Fluglehrer Thomas Platz und ich darf hinten drin – ich nenne es liebevoll „im Körbchen" – sitzen. So lausche ich den Instruktionen des Fluglehrers über das Intercom – die bordeigene Gegensprechanlage – und sehe aufmerksam zu, was Daniel fliegerisch jeweils daraus macht.

Blick aus dem Fenster nach dem Start in Basel.

Die Kombination von zwei Schülern in einer Flugstunde bewährt sich für uns. Daniel und ich haben oft unsere Flugstunden aufeinanderfolgend gebucht. So konnte jeder von uns beim anderen im Flugzeug sitzen und sozusagen kostenfrei weiterlernen oder repetieren.

Zurück zu unserem Flug. Dieser gestaltet sich bis zum Rheinfall in Schaffhausen ziemlich ereignisfrei. Je näher wir Friedrichshafen kommen, desto mehr Aufmerksamkeit wird jedoch von uns allen gefordert. Die Dichte an Flugzeugen in dem uns umgebenden Luftraum wird immer grösser. Man merkt eindrücklich, dass da was aviatisch Interessantes los sein muss in der Bodenseeregion.

In der Fliegersprache meldet man sich gegenseitig die relative Position anderer Luftfahrzeuge im Luftraum anhand eines virtuellen, in der horizontalen Ebene gehaltenen Zifferblatts. So bedeutet beispielsweise die Meldung „Traffic, two o'clock, same altitude", dass sich eine andere Maschine in der Zwei-Uhr-Position (60° in Flugrichtung nach rechts gesehen) auf gleicher Höhe befindet. Mit dem zunehmenden Luftverkehr nehmen auch unsere dahingehenden Positionsmeldungen an Daniel zu. Hier sind sie, unsere Kollegen, die auch einen arbeitsfreien Tag in Friedrichshafen verbringen wollen. Rush Hour am Himmel!

Irgendwie schaffen wir es, uns mit den anderen Flugzeugen in der Verlängerung der Landepiste wie auf einer Perlenkette einzureihen und im Anschluss sicher zu landen. Kaum ausgerollt, schauen wir ehrfürchtig in Richtung des Pistenanfangs. Der Himmel im Anflugsektor ist übersät von lustig tanzenden Lichtern, ausgehend von den Landescheinwerfern. Ähnliche Bilder gibt es an Hochzeiten, wenn Himmelslaternen aufsteigen. Nur steigen diese Lichter in unserem Fall nicht auf, sondern ab.

Als wir dem Flugzeug entsteigen und beide Füsse auf dem Boden haben, macht sich bei uns allen Erleichterung breit. Mit dem extra Shuttle-Bus geht es in Richtung Piloten-Shopping. Und so verbringen wir ein paar kurzweilige Stunden in den Messehallen von Friedrichshafen. Gerne hätten wir die eine oder andere Option für einen Flugzeugkauf unterzeichnet. Leider lässt dies keines unserer Budgets, weder einzeln noch zusammengerechnet, zu. Für ein paar „Remove before flight"-Schlüsselanhänger reichte es jedoch.

Nun ist der Rückflug angesagt. Vielleicht kennen Sie die Situation, bei der Sie Ihr parkiertes Auto suchen und nicht mehr genau wissen, wo es denn steht? So oder ähnlich kann es einem auch in der Fliegerei gehen. Die Flugzeuge der Flotte unserer Flugschule werden aufgrund ihrer durchgängigen weiss-gelben Bemalung von anderen Flieger-Clubs auch mal gerne liebevoll „Crèmeschnitten" genannt. Wir schreiten die parkierten Flugzeuge (Flightline) ab und erblicken bald unsere „Schnitte" ... äh Maschine, die treu auf uns wartet.

Jetzt darf ich meine bisher erworbenen Flugkünste unter Beweis stellen. Nach einem schulbuchmässigen Briefing durch den Fluglehrer reihen wir uns in die

Startsequenz mit den anderen Flugzeugen ein. Wie bei einem Alarmstart auf einem Flugzeugträger erteilt ein Marshaller (deutsch: Einwinker), „bewaffnet" mit zwei Leuchtstäben – „Star Wars" lässt grüssen –, im Sekundentakt den wartenden Flugzeugen die Starterlaubnis. Drei … zwei … eins …, wir beschleunigen und heben ab in Richtung Basel.

Das Wetter ist nicht mehr so gut wie beim Hinflug, aber immer noch sicheres Flugwetter. Die Windstärke nimmt gegen Basel zu. Im Cockpit und in der Kabine macht sich Ruhe breit. Jeder schwelgt für sich persönlich in den Eindrücken der Messe.

Ungefähr zehn Minuten vor unserer Landung sind wir in der Nähe von Rheinfelden (Fricktal, Kanton Aargau). Plötzlich erhält unser Flugzeug einen kräftigen Schlag von oben; die Motorendrehzahl erhöht sich infolge einer Nose-Down-Attitude (Flugzeugnase zeigt nach unten) und ich versuche, die Maschine wieder zu stabilisieren. Hoppla!

Der Fluglehrer äussert seine Begeisterung über die Wucht dieser Turbulenz und erzählt mir lang und breit davon, wie ihm eine solche Turbulenz einmal gar das Headset vom Kopf abzog.

Unter den Wolken ist die Freiheit nicht grenzenlos: Abgekürzter Anflug von Osten auf Basel.

Während Thomas noch immer erzählt, baut sich das Adrenalin in meinen Adern langsam ab. In meinem Kopfkino verblassen allmählich die Katastrophenbilder und ich kann sicher auf unserer Homebase landen. Was für ein Tag!

Loslassen

Endlich ist es so weit! Oder ist es wirklich schon so weit? Sei es so weit, wie es will. Mein geschätzter Fluglehrer Thomas nimmt das Headset vom Kopf, krallt sich das Handfunkgerät aus dem Fond und steigt bei laufendem Motor aus dem Flugzeug. Adieu!

Voilà. Hier sitze ich alleine in einer Piper auf einem Rollweg des Flugplatzes Bremgarten (ICAO-Code EDTG). Mein Fluglehrer entfernt sich immer weiter vom Flugzeug. Jetzt gäbe es noch einen Weg zurück – doch nicht mehr lange.

Per Funk melde ich dem Turm, dass ich – mutig und alleine – den Weg zum Pistenanfang unter die Räder nehme. Vieles geht mir jetzt durch den Kopf. Zu vieles, um es hier abschliessend aufzuzählen. Auf jeden Fall kommen in diesen Gedanken auch Geschwindigkeiten in Knoten, Höhen in Fuss, Landeklappenstellungen und Notfallverfahren vor.

Ich biege auf die Piste ein und schiebe den Gashebel sanft, aber bestimmt in den Anschlag. Die Maschine beschleunigt und nach kurzer Distanz streckt sie auch schon wie gewohnt die Nase in die Höhe und beginnt irgendwie zu fliegen. Nicht ganz automatisch, sondern gesteuert von mir. Ich drehe nach rechts – entgegen dem Standard handelt es sich auf diesem Flugplatz um einen „Right-Hand-Circuit" – in den Crosswind (Querabflug), steige weiter und erreiche den Downwind (Gegenanflug).

Power, Pitch, Trim. Will heissen: Leistung anpassen, Attitude anpassen und das ganze System Flugzeug austrimmen. Kurze Verschnaufpause. Durchatmen und feststellen: Hurra, ich lebe noch! Landeklappen setzen, dann in die Base (Queranflug) drehen. Am Ende der Base in den Final (Endanflug) einschwenken und jetzt Landen. Flaren, flaren, flaren (schweben, schweben, schweben) …

Aufsetzen. Zwei kurze Quietscher von den Pneus des Hauptfahrwerks. Die Erde hat mich wieder. Hurra, Jubel, Freude! Zum ersten Mal habe ich – wirklich alleine – ein Flugzeug gestartet, geflogen und wieder gelandet. Hurra, ich bin ein Pilot! Der Bubentraum ist wahr geworden. Dies ist ein emotionaler Moment im Leben eines Piloten.

Dennoch erlaube ich mir im Anschluss einen kleinen Scherz mit meinem Fluglehrer und sage ihm: „Thomas, vielen Dank, dass du mir beigebracht hast, ein Flugzeug alleine zu pilotieren. Jetzt war ich einmal im Leben Pilot; mein Ziel ist erreicht." Thomas denkt wirklich für einen Moment, dass sein Flugschüler gerade daran ist, sich früher als erwartet aus der fliegerischen Grundausbildung zu verabschieden. Nix da, weit gefehlt: Nach der Landung ist vor dem Start.

Endanflug auf die Piste 15 des Flughafens Basel-Mülhausen.

Turmgang

Endlich Ferien! Und warum nicht in diesen Ferien einen Ausflug – im wahrsten Sinne des Wortes – nach Zell am See im österreichischen Bundesland Salzburg unternehmen und dort ein paar Tage verweilen? Seele baumeln lassen inklusive. So weit, so gut.

Ich bin mittlerweile stolzer Besitzer eines Privatpiloten-scheins, also steht diesem Vorhaben nichts im Wege. Ein Mietflugzeug ist reserviert, die Flugvorbereitungen inklusive der Beschaffung des entsprechenden Luftfahrtkartenmaterials sind abgeschlossen, die Rucksäcke sind gepackt und wir – Petra und ich – sind startklar. Die Reise soll von Basel (ICAO-Code LFSB) mit Zwischenhalt in St. Gallen-Altenrhein (ICAO-Code LSZR) über Rosenheim (Oberbayern) und von dort in Richtung Süden, nach Zell am See (ICAO-Code LOWZ) führen. Klingt wie ein Plan.

Es scheint jedoch, als mache auch das Wetter zeitgleich mit uns Urlaub, zumindest das sogenannte „gute Wetter". Der Flug von Basel nach St. Gallen-Altenrhein verläuft noch unproblematisch; da bereitet mir die Nichtverletzung des scharf kontrollierten Zürcher Luftraums schon mehr Sorgen. Bitte bedenken Sie, dass zu dieser Zeit noch keine digitalen und satellitennavigationsgestützten Kartendarstellungen in Form von iPads oder ähnlichen Tablet-Computern existierten, die man sich heute nur „aufs Knie zu schnallen" braucht.

Nachdem wir in Altenrhein gelandet sind, essen wir im Flughafenrestaurant erst mal fein zu Mittag. Danach gebe ich den Flugplan auf und erledige die notwendigen Zollformalitäten. Alltag raus – Österreich rein, so der Plan. Das Wetter will noch immer nicht richtig mitmachen. Spielverderber!

Da für mich beim Fliegen – ähnlich wie beim Motorradfahren oder generell im Leben – die Reise das Ziel ist, beschliesse ich, dennoch aufzusteigen und zu sehen, wie weit es in Richtung Osten reicht. Los geht's. „HB-PQL, ready for departure."

Auf unserem Weg in Richtung Rosenheim kommt uns die Wolkenuntergrenze bei gleichbleibender Flughöhe über Grund von oben wie ein Deckel immer näher. Keine Chance also, bei Rosenheim rechts in Richtung Süden abzubiegen. Das Ziel versinkt in den Wolken. Ergo kein wohlverdientes Bier an der Seepromenade in Zell und schon gar nicht bei eitel Sonnenschein.

Und so teile ich dem Flugverkehrsleiter auf der Frequenz von „München Information" schweren Herzens mit, dass ich aufgrund des vorherrschenden Wetters meinen publizierten Flugplan nicht erfüllen kann. Meine neue Absicht ist, ein wenig zurück gen Westen zu fliegen und auf dem Flugplatz Kempten-Durach (ICAO-Code EDMK, mit 712 m ü. M. Deutschlands höchstgelegener Verkehrslandeplatz) zu landen. Diesen Flugplatz kenne ich von einem früheren Besuch, doch leider erinnere ich mich in diesem Moment nicht mehr an eine administrative Kleinigkeit.

Der Flugverkehrsleiter begleitet uns noch eine Weile auf dem kurzen Flug nach Kempten-Durach und teilt mir bei der Ankunft die entsprechende Flugplatz-Frequenz mit. Ich wiederhole diese, bedanke mich für den Service und melde mich bei ihm ab. Auf dem Funkgerät raste ich die erhaltene Frequenz ein.

Ein erster Aufruf von Kempten absetzen. ... Stille, dann eine eindringliche männliche Stimme auf dem Funk, die mir mitteilt, dass man sich eine Stunde vorher anmelden müsse, ehe man hier zu landen gedenke. Ich bedanke mich für die Information und teile umgehend mit, dass ich – leicht unfreiwillig – eine Flugplanänderung in Rücksprache mit „München Information" vorgenommen habe. Dieser offizielle Anschein scheint mein Gegenüber ein wenig milder zu stimmen, so wurde mir doch die aktuell benutzte

Piste und der zugehörige Einflugsektor mitgeteilt. Ich wiederhole die Pistenbezeichnung und den Einflugsektor. Antwort: „Ja, und nach der Landung melden Sie sich auf dem Turm", der letzte Wortlaut aus eben diesem. Jetzt herrscht Stille auf meiner Seite …

„Sich auf dem Turm melden müssen" ist für einen Piloten etwa wie das Nachsitzen in der Schule, ein dringender Zahnarzttermin oder in der Kindheit der Besuch des Nikolaus. In meiner Fliegerkarriere ist dies glücklicherweise erst zwei Mal vorgekommen.

Inzwischen sind wir sicher gelandet. Die Maschine habe ich ordentlich auf dem Gästeparkplatz festgezurrt und nun geht es mit gesenkten Ohren die endlos wirkende Treppe hinauf in den Turm. Oben angekommen nimmt sich uns ein älterer Herr an und erklärt, dass wir nicht nur unangemeldet erschienen sind, sondern auch die hiesigen Zollvorschriften in keiner Weise erfüllen. Dies ruft die Polizei auf den Plan. Die Zollvorschriften haben damals für Österreich gereicht; nicht so für Deutschland. Die Polizei ist bereits über unseren Verstoss gegen Sicherheit und Ordnung informiert und auf dem Weg hierher.

Ich entschuldige mich abermals, weise auf das Wetter hin und sehe dabei an den strengen Augen des Herrn leicht vorbei. Dabei erspähe ich draussen ein Flugzeug im Endanflug, das – so scheint es – kein Fahrwerk hat. Gut, genau genommen hat es ein Fahrwerk, nur ist dieses im Rumpf – wie sonst im Reiseflug üblich – parkiert. Es scheint auch nicht gerade in diesem Augenblick zum Vorschein kommen zu wollen.

Ich unterbreche die Unterrichtung mit der dringlichen Mitteilung, dass da gerade ein Flugzeug ohne Fahrwerk zu landen versucht. Leicht misstrauisch schaut der Herr über seine rechte Schulter, erkennt den Ernst der Lage, springt sogleich wie ein junges Reh zum Mikrofon des Flugfunks und ruft: „Fahrwerk, Fahrwerk …!"

Zu spät, kein Fahrwerk zu sehen, kein Durchstartmanöver … Die Maschine pflügt sich in die Graspiste und kommt nach kurzer Distanz zum Stillstand. Glücklicherweise steigt der unverletzte Pilot kurz darauf aus der Maschine und begutachtet verdutzt sein Flugzeug. Lediglich ein grosser Sachschaden war zu beklagen. Ein kleiner Vorteil für den Piloten ergibt sich aus dem einmaligen, nahezu bodenebenen Ausstieg aus dem Cockpit. Er hätte wohl gerne darauf verzichtet.

Ich und somit auch Petra sind noch immer nicht entlassen, bereits fünf Minuten nach dem Zwischenfall nimmt man sich uns wieder an. Mein Blick gleitet jetzt noch öfters nach draussen. Dort findet die bereits eingeleitete Bergung der Maschine mittels eines Seils um die Propellernase und der Hilfe eines Traktors vom benachbarten Bauernhof statt.

Das zwischenmenschliche Klima im Turm wird wärmer und wir können sogar in Erfahrung bringen, dass auf dem Flugplatz durch die Gäste Fahrräder angemietet werden können. Zuletzt teilt man uns mit, wir sollen nun bei unserer Maschine auf das Eintreffen der Polizei warten.

Gesagt, getan. Und so erscheint nur eine Weile später auch ein Fahrzeug der Polizei, wie wir es nur aus „Tatort"-Filmen kennen. Ein junger, freundlicher Beamter steigt aus, setzt sich die Mütze auf und lässt sich unsere Papiere zeigen. Auch will er noch einen Blick in unser flugzeugeigenes „Übernachtungs-Set" – eine Plastikbox mit Zurrgurten, Erdankern, Putzmittel, Lappen, Reserve-Öl, Startkabeln etc. – werfen. Alles verdachtsfrei, wir erhalten die polizeiliche Absolution. Zuletzt outet sich der Beamte noch als Fliegerkollege mit hiesiger Homebase Kempten-Durach. Wie klein doch die Welt ist.

Wir ziehen unsere Rucksäcke an, nehmen die Pedale unserer Mietvelos unter die Füsse und radeln in Richtung Durach. Im Landgasthof zum Schwanen finden wir für die nächsten Tage eine freundliche Bleibe. Kaum auf dem Zimmer angekommen, beginnt es auch schon ergiebig zu regnen. Glück gehabt!

Tea Time

Die Luftfahrt feiert gerade ihren hundertjährigen Geburtstag. Mein Flugschulfreund Daniel und ich beschliessen, den abenteuerlichen Weg nach Grossbritannien unter die Flügel zu nehmen und es dem französischen Luftfahrtpionier Louis Blériot gleichzutun, der mit seinem Eindecker-Flugzeug namens „Blériot XI" im Jahre 1909 erstmals den Ärmelkanal überflog.

In der Berichterstattung der Medien sehen wir, dass noch vor 100 Jahren für ein solches Unternehmen der rote Teppich ausgelegt wurde. Zudem hätte uns die Queen nach der erfolgreichen Ärmelkanalüberquerung persönlich begrüsst und wir hätten einen beachtlichen Geldpreis entgegennehmen dürfen.

Von diesen Gepflogenheiten ist heute leider nicht mehr viel geblieben. Im Gegenteil. Heute müssen wir uns mehrfach schriftlich erklären, definitiv keine Terroristen zu sein und in absolut friedlicher Mission nach England zu fliegen.

Die Route führt uns von Basel aus quer durch Frankreich. Wir starten das Abenteuer der Ärmelkanalüberquerung in Le Touquet (ICAO-Code LFAT) und fliegen in Richtung Norden, um eine geeignete Stelle für die Überquerung zu finden. Damit alles seine Ordnung hat, stehen wir mit der Londoner Flugverkehrsbehörde auf der Frequenz von „London Information" in regelmässigem Funkkontakt.

Bei einem Flug über offenem Gewässer müssen wir nicht nur Schwimmwesten an Bord mitführen, sondern diese auch bereits tragen. Das engt im nicht gerade geräumigen Cockpit unserer Cessna zusätzlich ein. Aber es lässt einen auch unschwer im Rahmen einer Selbstreflexion erkennen, dass ein eher ungewohnter Flug ins Haus steht.

Um es mit dem Abenteuer auch nicht zu übertreiben, landen wir nach der erfolgreichen Überquerung des Ärmelkanals gleich wieder, sobald wir eine erste Möglichkeit auf dem britischen Festland haben. Diese Möglichkeit hat den Namen London Ashford Airport (ICAO-Code EGMD), wo auch der Aero Club von Lydd beheimatet ist.

Geschafft! Gleich nach der Landung suchen wir den Aero Club auf. Wir werden mit einem „warm welcome" empfangen und gebeten, in einem der typisch britischen Ohrensessel Platz zu nehmen. Ortsüblich erhalten wir eine Tasse Tee angeboten. Und schon kommt sie, die lange erwartete Frage nach unseren weiteren Reiseplänen. Gut, eigentlich sind wir glücklich, diesen Teil der Reise bis hierhin erfolgreich und lebendig absolviert zu haben. Also in etwa so, wie wenn der Weg das Ziel ist, dann sind wir schon da. Doch wir lassen die Katze aus dem Sack und teilen mit, dass wir entlang der vielbeschriebenen weissen Klippen der Südküste zum berühmten Flugplatz Shoreham (ICAO-Code EGKA) in der Nähe von Brighton fliegen wollen.

Der uns gegenübersitzende Senior-Pilot zeigt sich nicht wirklich erstaunt, so wollen doch die meisten aviatischen Touristen den ältesten Flugplatz des Vereinigten Königreichs besuchen. Zudem ist dieser auch der älteste kommerziell genutzte Flughafen der Welt. Also ein „Must-see".

Unser Berater rappelt sich aus seinem Ohrensessel auf, geht zum Bücherregal und zieht eine abgegriffene Anflugkarte vom Flugplatz Shoreham heraus. Er fertigt uns eine Schwarz-Weiss-Kopie an und weiht uns in die Feinheiten von Shoreham ein.

Shoreham, wir kommen! Der Flug führt uns vorbei an den versprochenen weissen Kreideklippen von Beachy Head in East Sussex. Diese gut sichtbare

Landspitze diente schon früher unseren Vorgängern zur See als wichtiger Orientierungspunkt.

Beachy Head, East Sussex, England.
(Quelle/Bewilligung: Pixabay.com, Public Domain)

Wir landen in Shoreham und erkunden erst mal den Flughafen. Hier werden die an- und abfliegenden Flugzeuge analog den Anzeigetafeln auf internationalen Flughäfen auf den Monitoren im Wartesaal angezeigt. Cool! Ein kurzer Kontrollblick und wir entdecken unseren Flug. Ein wenig stolz sind wir schon und so strahlen wir wie Honigkuchenpferde um die Wette.

Leider finden wir in Shoreham selbst kein Bett für eine Nacht. So ziehen wir bodengebunden weiter in Richtung Osten nach „London by the sea", nach Brighton. Hier werden wir fündig und finden eine Bleibe für eine Nacht und ein Pub für die Stunden davor. Brighton ist wahrhaftig kein Kind von Traurigkeit. Last order!

Ausweichen

An diesem Tag bin ich mit meinem Vater unterwegs und fliege mit ihm zurück vom deutschen Flughafen Friedrichshafen am Bodensee (ICAO-Code EDNY) nach Basel (ICAO-Code LFSB). Das Wetterbriefing zeigt schnell, dass sich von Westen eine Kaltfront mit heftigen Regenschauern gen Osten bewegt. Ich denke aber, es sollte uns noch bis nach Basel reichen – und falls nicht, sitzen wir einfach irgendwo auf dem Weg auf einem Flugplatz ab.

Nach knapp einer Stunde Flugzeit erreichen wir das Fricktal. Von Möhlin (Kanton Aargau) sehe ich noch bis an den Hornfelsen bei Grenzach-Wyhlen (Deutschland), dahinter tobt bereits die Spitze der Front mit heftigem Regen. Da ich aufgrund des Wetters nicht weiter sehen kann, will ich mich mal mit den Menschen in Basel über ihre momentane Befindlichkeit unter dieser Front unterhalten.

Entschlossen melde ich mich bei „Zürich Information" ab, erhalte die Tower-Frequenz von meiner Homebase Basel und melde mich dort wie gewohnt an. Nach meinem Erstaufruf meldet sich eine verdutzte weibliche Stimme und teilt mir mit, dass es hier zurzeit unmöglich sei, unter Sichtflugbedingungen zu landen. Sie schiebt sogleich und ungefragt nach, dass auch eine Landung mit Sonder-Sichtflugregeln (engl.: special visual flight rules) nicht infrage komme. Sonder-Sichtflugregeln können innerhalb einer Kontrollzone angewandt werden, um die schlechteren Wetterbedingungen innerhalb der Kontrollzone an die besseren und sichtflugtauglichen Bedingungen im Umfeld anzupassen und so weiterhin Verkehr nach Sichtflugregeln zuzulassen. Mir wird schlagartig bewusst, dass da in Basel grad wettermässig wirklich was abgeht.

„What is your intention?" Was ist Ihre Absicht? Gute Frage. Wie eingangs erwähnt, habe ich natürlich einen Plan B. Da ist noch der gute alte Flugplatz Fricktal-Schupfart (ICAO-Code LSZI), welcher auf meiner linken Seite ein wenig hinter uns liegt und geduldig wartet. Ich teile Basel mit, dass ich beabsichtige, in Schupfart zu landen. Freundlicherweise erhalte ich von der Lady im Tower umgehend die Frequenz, raste diese ein und setze eine erste Blindübermittlung ab.

Blindübermittlungen dienen dazu, den sich auf der gleichen Funkfrequenz in Hörbereitschaft befindlichen Piloten und allfälligen Bodenstationen meine Positions- und Absichtsmeldungen blind – sprich ohne eine Empfangsbestätigung durch eine Gegenstation – kundzutun. Dies geschieht in der Regel mit vorgegebenen Pflichtmeldepunkten und Standardaussagen, deren eindeutige Bedeutung alle Beteiligten kennen (sollten).

Der Anflug und die Landung auf dem Flugplatz Fricktal-Schupfart gestalten sich unproblematisch und so stehe ich nach kurzer Zeit mit meinem Papi im C-Büro. Das C-Büro ist der Dreh- und Angelpunkt für die ein- und abfliegenden Piloten auf einem Flugplatz und dient der Vor- und Nachbereitung eines Fluges. Dessen Standort wird mittels eines Schildes mit dem Buchstaben C in schwarzer Schrift auf gelbem Hintergrund signalisiert.

C-Büro des Flugplatzes Fricktal-Schupfart (ICAO-Code LSZI).

Aber ja, da war doch noch was! Wiederum eine administrative Angelegenheit … Richtig, der Zoll. Wir kommen ja aus Deutschland. In Basel hätte ich ohne diesen landen dürfen, da es sich um einen Zollflugplatz handelt. Nicht so hier und zum damaligen Gesetzeszeitpunkt.

Und so hilft man uns freundlich, das Vergehen im Selbstanzeigeverfahren dem Schweizerischen Grenzwachtkorps zu melden, damit alles seine Ordnung hat. Die Beamten können nun anhand dieser Meldung entscheiden, ob sie uns und das Fluggerät einer genaueren Inspektion unterziehen wollen. Als Grund für unsere Landung wird eine „Notlandung" deklariert. Das finde ich jetzt schon grad einen etwas harten Ausdruck für unser Vorgehen. „Der Terminus ‚Ausweichlandung infolge Wetter' ist doch treffender", erlaube ich mir anzuführen. „Nichts da, das schreiben wir immer so, sonst kommt es nicht gut", lautet die Antwort des Tagesverantwortlichen.

Ich verharre still, denn ich will ja nicht die lokalen Gepflogenheiten infrage stellen, zumal ich ja mit meiner Ausweichlandung … äh … pardon … Notlandung bereits zusätzlichen Aufwand anrichte. Ich bedanke mich.

Soweit zum fliegerischen und administrativen Teil. Steigen Sie jetzt mit mir in der Maslowschen Bedürfnishierarchie ein paar Stufen nach unten.

Es ist kurz vor Mittag. Des Piloten und des Vaters Magen knurrt schon leicht. Die Halbwertszeit des Frühstücks von Friedrichshafen liegt ja auch schon ein paar Stunden zurück. Einmal mehr haben wir Glück. Der Flugplatz Fricktal-Schupfart hat ein schönes Restaurant mit einer gutbürgerlichen Küche, welche auch immer ein feines Mittagsmenu feilhält. Und falls Kinder unter den Passagieren sind, bietet der angrenzende Kinderspielplatz reichlich Auslauf.

Und so zieht just zu dem Moment, als uns das Tagesmenu serviert wird, die Regenfront über unsere Köpfe. Jetzt können wir aus drei Gründen nicht weiterfliegen: Essen ist fertig, das Wetter ist schlecht und der Flugplatz ist über den Mittag geschlossen. Bleibt nur eines: Zurücklehnen und „E Guete mitenand".

Wie bestellt klart das Wetter gegen Ende der Mittagspause wieder auf und es beginnt der aviatische Frühling auf dem Flugplatz. Nach einer frischen Tasse Kaffee besteigen wir unsere Maschine und nehmen das kleine, aber feine Leg nach Basel unter die Flügel. Homebase, wir kommen! Und danke, Fricktal-

Schupfart, für die Gastfreundschaft. Hier landet man gerne und nicht nur in „Not". Touchdown!

David gegen Goliath

Im Rahmen der fliegerischen Grundausbildung lernt man die Beherrschung der Standard-Phraseologie des internationalen Flugfunks, in der Fliegersprache kurz „Voice" genannt. Diese „Voice" eignet man sich in der Regel in Kursen an, welche von einer Flugschule angeboten werden. Im Rahmen einer dieser abendlichen „Voice"-Kurse habe ich die nachfolgend beschriebene Geschichte höchstens einmal in der Theorie kennengelernt und durchgespielt.

Nur so viel vorweg: Bisher bin ich von einem Startabbruchbefehl seitens eines Controllers im Turm glücklicherweise verschont geblieben. Das Gleiche kann der Pilot eines Airliners, von dem gleich die Rede sein wird, heute nicht mehr von sich behaupten.

Doch der Reihe nach. Auf meinem Heimatflughafen Basel-Mülhausen werden nebst Flugschülern auch Fluglotsen ausgebildet. Und so kommt es immer wieder vor, dass sich zwei Schüler im Rahmen ihrer Ausbildung auf dem Flugfunk begegnen. Der Fluglotsenschüler in der Rolle des Controllers und der Flugschüler als Pilot. Entgegen der Regeln der Mathematik ergibt Minus mal Minus eben auch nicht immer Plus, und so entstehen spannende und mitunter skurrile

Situationen, die die erfahrenen Instruktoren auf beiden Seiten gekonnt wieder in Ordnung bringen. Dennoch müssen beide Schülertypen für alle erdenklichen Situationen geschult und vorbereitet werden.

So stehe ich mit meinem Flugzeug inklusive Co-Pilot/Passagier Adriano auf dem Taxiway Golf vor der Piste Nummer 15 und melde nach dem Abarbeiten der „Checkliste vor dem Start" der Bodenkontrolle, dass ich nun bereit für den Start bin. Die Bodenkontrolle übergibt mich auf die Turmfrequenz. Dem Turmmitarbeiter (oder Lotsenschüler) erkläre ich ebenfalls, dass ich bereit für den Start bin. Dieser weist mich an, in meiner jetzigen Position innezuhalten und artig zu warten. Bis zu diesem Zeitpunkt ein normales und gewohntes Prozedere.

Zwischenzeitlich gibt er einer Linienmaschine – im Folgenden liebevoll „Lightjet" genannt –, welche am Beginn der Piste 15 bereits aufliniert wartet, die Starterlaubnis. Ein paar Millisekunden Ruhe auf der Frequenz, dann jedoch ergeht der Befehl an den Airliner: „Lightjet 1234, abort take-off, clearance cancelled – Break, Break – HB-CXY cleared for line-up and take-off runway 15, right turn out. Echo next."

Es ist, als ob mich der Blitz trifft. Da hat der Controller doch tatsächlich dem Airliner die bereits erteilte Starterlaubnis wieder entzogen und mir diese im gleichen Funkspruch und Atemzug zukommen lassen. Ich wiederhole die Anweisung – man hört in meiner Stimme deutlich meine Verblüffung –, sehe, wie die bereits gerollte Linienmaschine mit einem leichten Kniefall ins Bugfahrwerk bremst, und beginne selbst zu rollen.

Beim Einbiegen auf die Piste spüre ich in meinem Nacken die Blicke der beiden Piloten im Airliner – not amused – und traue mich schon gar nicht mehr, nach hinten zu sehen, obwohl die Cessna dies technisch gesehen ja zulässt (siehe Foto). Ich sage zu Adriano nur noch: „Ich erkläre dir im Reiseflug, was wir soeben erlebt haben." Doch Adriano bringt dies nicht im Geringsten aus seiner Ruhe. Er liegt lässig in seinem Sitz und findet es natürlich weit unspektakulärer als ich, schliesslich will er ja in die Alpen und keinem Airliner die Vorfahrt klauen. Vollgas!

Der Blick zurück ist möglich, aber nicht immer gewünscht: Cessna 172.

Ihre Bordkarte bitte

Vier Tage haben sich mein Vater und ich reserviert, um ausgiebig mit dem Flugzeug durch den Südwesten Deutschlands zu reisen. Das vorherrschende Wetter lässt grundsätzlich den Sichtflug zu. So brechen wir auf und reisen, wie es uns das Wetter vorgibt.

Der erste Flug führt uns von Basel (ICAO-Code LFSB) zum Verkehrslandeplatz Speyer (ICAO-Code EDRY). Dort besichtigen wir das Technik-Museum Speyer, welches aufgrund seiner auf haushohen Säulen ausgestellten Boeing 747 bereits aus der Luft nicht zu übersehen ist. In diesem Museum kommen die Fans des Fahrzeug- und Flugzeugbaus voll auf ihre Kosten, so auch wir. Abends legen wir uns müde in eines der zahlreich vorhandenen Gästebetten.

Spektakulär in Pose gebracht: Eine begehbare Boeing 747 auf Stelzen.

Neuer Tag, neues Glück. Am nächsten Morgen fliegen wir weiter Richtung Osten, nach Rothenburg ob der Tauber in Bayern. Rothenburg ist mit seiner mittelalterlichen Altstadt ein beliebtes Reiseziel. Der Flugplatz liegt auf einer Anhöhe nordöstlich der Stadt und wird von uns nicht auf Anhieb entdeckt. Doch auch hier werden wir herzlich willkommen geheissen. Und auch hier verbringen wir eine Nacht.

Letzte deutsche Station auf unserem Trip ist Friedrichshafen (ICAO-Code EDNY). Die zweitgrösste Stadt am Bodensee ist aufgrund ihrer Zeppeline aviatisch ja auch nicht ganz unbekannt und in vielerlei Hinsicht immer wieder ein Reise wert. Der Anflug gestaltet sich trotz freier Wahl der Flughöhe bei den Pflichtmeldepunkten problemlos und so stehen wir schon bald auf der uns zugewiesenen Parkposition auf dem Vorfeld des Flughafens.

Kaum ausgestiegen, hält ein Follow-me-Fahrzeug neben uns und will uns auch sogleich mitnehmen. Ich erkläre dem Fahrer, dass ich die Maschine erst noch nacht- und wettertauglich machen müsse, was sicherlich etwa noch eine Viertelstunde dauern würde.

In der Hoffnung, dass wir den Fahrer mit seinem Fahrzeug binnen nützlicher Frist wieder einmal zu sehen bekommen, beginne ich, das Flugzeug festzuzurren sowie sämtliche Abdeckungen mit den „Remove before flight"-Hinweisen anzubringen. Hurra, der Fahrer kommt wieder und nimmt uns mitsamt dem Gepäck mit zum Terminal-Gebäude. So muss sich die Crew eines Airliners fühlen.

In Friedrichshafen findet zum Zeitpunkt unseres Besuchs – welch Wunder – gerade eine Messe statt. Nichts Ungewöhnliches, Friedrichshafen ist ja eine Messe-Stadt. Leider handelt es sich um eine sehr beliebte Messe, was die Auswahl an preiswerten

Hotels in der Innenstadt beträchtlich schrumpfen lässt. So betrauen wir einen Taxifahrer mit der komplexen Aufgabe, ein Hotel mit einem freien Doppelzimmer in Gehdistanz zur Innenstadt zu finden. Der Taxifahrer benötigt drei Versuche; beim dritten Versuch werden wir fündig. Dass die Zimmerpreise jeweils in direktem Zusammenhang mit Angebot und Nachfrage stehen, muss ich Ihnen sicherlich nicht erklären: Das Doppelzimmer ist deutlich teurer als zu anderen Gelegenheiten. Aber Papi will unbedingt ins Zeppelin Museum und bezahlt knurrend die Zeche.

Auf dem Hotelzimmer angekommen, erledige ich die Administrativarbeiten unserer Vielfliegerei und Papi macht sich zu Fuss auf den Weg ins Museum. Ich liebe den Papierkram und kann mir kaum Besseres an diesem Nachmittag vorstellen …

Abends treffen wir uns in der Innenstadt zum Nachtessen und Papi berichtet eifrig über die Exponate im Museum. Wir geniessen den letzten Abend unserer Vater-Sohn-Reise und kehren glücklich und erschöpft in unser Hotel zurück. Gute Nacht!

Am Morgen stärken wir uns mit dem bereitgestellten Frühstück des Hotels für unsere Rückreise. Noch Auschecken und schon sind wir wieder auf dem Weg zum

Flughafen. Ich platziere meinen Vater mitsamt Gepäck im Terminal, suche das C-Büro und gebe dort meinen Flugplan auf.

Nun wollen wir zu unserem Flugzeug. Doch wie gelangen wir dorthin? Ich frage kurzerhand einen Angestellten und er zeigt mir den Weg zu den Gates. Wir folgen artig. Weitere Mitmenschen wollen auch zu ihren Flugzeugen und so verliere ich irgendwann im Getümmel meinen Vater aus den Augen. Nun stehe ich vor einem uniformierten Herren, der nach meiner Bordkarte fragt. Ich sage ihm, dass ich keine habe. Er schaut mich misstrauisch an und fragt mich, weshalb ich mich dann in der Reihe für die Sicherheitschecks anstelle. Ich antworte, dass ich zu meinem Flugzeug will. Der Beamte schaut noch grimmiger. Ich spüre, dass ich jetzt eine Erklärung nachlegen muss, ansonsten könnte es eventuell ungemütlich werden. Ich dopple nach: „Ich fliege selbst." Allmählich versteht er mich und mein Anliegen, sein Gesicht hellt auf und er fragt mich, ob ich ihm meine Pilotenlizenz vorweisen könne. Sicherlich. Lizenz gezückt und Sicherheitscheck überstanden. Doch wo ist eigentlich Papi?

Zwei Reihen neben mir erblicke ich meinen Vater, wie er leicht entnervt den Inhalt seiner Hosentaschen in die bereitgestellten Plastikboxen entleert und ihm bereits zwei Sicherheitsmitarbeiter persönlich zur Seite stehen. In seiner rechten Hosentasche hat er doch tatsächlich eine gehäufte Handvoll Büroklammern. Geschätzte 100 Stück; alle aus Metall notabene, was zum notorischen Piepsen des Metalldetektors führte.

Ja, mein Vater trug tatsächlich auf der ganzen Reise Büroklammern bei sich. Sie fragen sich, warum. Er ist Lehrer und mag es nicht, wenn Papierblätter, die zusammengehören, nicht zusammengehalten werden können. (Anmerkung des Autors: Nehmen Sie das bitte einfach so hin und stellen Sie mir keine weiteren Fragen zu diesem Phänomen. Danke.)

Ich geselle mich zum unterschiedlichen Trio und erkläre ungefragt, dass ich Pilot und der Mann mit den vielen Büroklammern mein Passagier sei. Auch hier darf ich nochmals meine Lizenz zeigen, was wiederum zu einer erneuten Entspannung der Lage führt. Meinen Vater an der Seite warten wir auf das Follow-me-Fahrzeug, das uns wieder zu unserem heissersehnten Flugzeug bringt.

Vermutlich erlebte mein Vater in meiner Kindheit auch das eine oder andere Mal einen peinlichen

Moment mit mir. Heute war es ausnahmsweise umgekehrt. Heimat wir kommen – schnell, bitte!

Falls Sie sich um meinen Vater sorgen, hier ein kleiner Nachtrag: Er ist heute pensioniert und führt keine Büroklammern mehr mit sich herum. Zumindest weiss ich es nicht!

Co-Pilot und Vater (wieder) in guter Laune.

Gretchenfrage

In diesem Kapitel will ich Ihnen eine kleine Geschichte erzählen. Gut, Sie werden sich jetzt vielleicht sagen: Er erzählt uns ja in jedem Kapitel mindestens eine Geschichte. Stimmt. Aber diese klingt unspektakulär und hat dennoch einen tieferen Sinn.

Flugschulfreund Daniel und ich beschliessen, einen kleinen Feierabendflug zu unternehmen. Wir reservieren eine freie Maschine und machen uns getrennt auf den Weg in Richtung Flugschule auf dem Flughafen Basel-Mülhausen. Wir treffen uns im Briefing-Raum der General Aviation Genossenschaft Basel und bereiten den Flug vor. Zum Ausklang des Tages soll es ein Lokalflug in den Raum Fricktal im Aargau sein.

Nach den Papierarbeiten begeben wir uns zur angemieteten Maschine und beginnen mit dem Aussencheck. Es folgt ein standardisiertes Abarbeiten verschiedenster zu prüfender Punkte rund um die Maschine, alles gemäss der Bedienungsanleitung des Herstellers.

Einer dieser Punkte ist die Prüfung, ob der vorhandene Treibstoff in der Maschine zwischenzeitlich Kondenswasser gesammelt hat, welches sich aufgrund des grösseren spezifischen Gewichts von Wasser gegenüber dem Treibstoff am untersten Punkt der Treibstoffbehältnisse sammelt. Mittels eines durchsichtigen Gefässes wird an verschiedenen Ablassventilen eine Probe genommen und geprüft, ob sich darin am Grund Wasserperlen befinden.

Ich nehme gerade eine Probe am letzten Ventil unter dem Motorblock, da spüre ich an meinem Zeigefinger etwas Kleines und Bewegliches. Ich schaue nach und siehe da, zwischen dem Ventil und der Metallabdeckung des Motors lacht mich eine lose Schraube an. Ich nehme diese hervor und begutachte sie. „Na, wo kommst du denn her?"

Zusammen mit Daniel stelle ich mir die Gretchenfrage: Würde ich mich ärgern, wenn ich tödlich verunglücke und mir bei einem (möglichen) Eintritt in den Himmel – beispielsweise durch Petrus – verkündet wird, dass eine lose Schraube mit gewichtiger und von mir massiv unterschätzter Funktion im Motor mein Flugzeug zum Absturz brachte – und dies noch vor Vorliegen des offiziellen irdischen Flugunfallberichts? Kurzum: Ja, ich würde mich ärgern. Zumal ich die lose Schraube ja auch vorgängig entdeckt hatte.

Und so gehen wir zurück in den Briefingraum, blockieren die Maschine im elektronischen Reservierungssystem und schreiben dem verantwortlichen Mechaniker eine kleine Notiz. Daran fixieren wir die Schraube mit einem Stück Tesafilm. „Plätzchen für eine herrenlose Schraube gesucht!"

Glücklicherweise hat es noch eine weitere freie Maschine in der Flotte unserer Flugschule und wir finden bei dieser weder eine lose Schraube noch einen sonstigen offensichtlichen Mangel. Der Feierabendflug findet unter normalen Bedingungen mit einer halben Stunde Verzögerung dennoch statt.

Fazit: Bin ich mir über den Zustand einer Maschine nicht sicher, stelle ich mir die Gretchenfrage und treffe danach eine Entscheidung.

Wozu die Schraube diente und was aus ihr geworden ist, entzieht sich leider meiner Kenntnis. Vielleicht auch besser so.

Aussencheck des Flugzeugs mit allen Sinnen. Im Bild die Prüfung der vollständig ausgefahrenen Landeklappen einer Cessna 172.

Wohin des Weges

Als wir von Bekannten aus dem Raum Buchs im Kanton St. Gallen eingeladen werden, ist der Weg frei für einen dieser „produktiven" Flüge. Produktiv ist für mich ein Flug mit einem zusätzlichen Nutzen, bei dem alle Beteiligten auf ihre Kosten kommen. Bei diesen Flügen werden klassische Win-Win-Situationen geschaffen und Synergien genutzt.

Anlass der Einladung ist das Fürstenfest, der Liechtensteiner Staatsfeiertag, der jeweils am 15. August (Mariä Himmelfahrt) zelebriert wird. Dieses Fest wird seit dem Jahre 1940 begangen und hängt mit dem Geburtstag von Fürst Franz Josef II. am 16. August eng zusammen. Mangels blauen Blutes in unseren Adern reicht es jedoch nicht für eine offizielle Einladung auf das Schloss. So werden wir uns von der Schweizer Seite aus mit der Betrachtung des grossen Feuerwerks begnügen, welches neben dem Schloss Vaduz gestartet wird. Danach ist mit unseren Gastgebern ein geselliger Abend inklusive Übernachtung geplant.

Doch zunächst müssen die nötigen Flugvorbereitungen getroffen werden. Einmal mehr heisst es: Luftfahrtkarte aufschlagen und nachsehen, ob es denn da in der Nähe des Geschehens überhaupt eine nette Landemöglichkeit gibt.

Bingo! In Bad Ragaz (ICAO-Code LSZE) befindet sich ein Flugplatz. Ich suche im Internet danach und entdecke jede Menge an Informationen, Tipps und Tricks für Piloten. Hier finde ich auch eine sehr detaillierte Beschreibung der Platzrunde, beispielsweise für die Landung auf der Piste 30: „Bei der Kiesgrube rechts abbiegen ..." und „... dicht über das Dach des Schlössli fliegen" steht da geschrieben. Ich bin erstaunt ob dem Detaillierungsgrad der Beschreibung und hoffe, dass ich alle diese Wegpunkte als solche erkennen werde und das Flugzeug gemäss diesen Anweisungen pilotieren kann.

Der Stichtag ist gekommen und ich treffe mit Petra auf dem Flughafen Basel-Mülhausen ein. Bei der Drehtüre zum Vorfeld begegnen wir meinem Fluglehrer Thomas. Wir freuen uns jedes Mal, wenn wir uns sehen, so auch heute. Thomas ist meist gut gelaunt und strahlt in der Regel wie ein Honigkuchenpferd über beide Backen. Nach einem kurzen Smalltalk fragt mich Thomas: „Wohin fliegt ihr?" Ich antworte: „Bad Ragaz." Das gewohnte Strahlen meines Fluglehrers entweicht augenblicklich. Es folgt eine kleine

Entgleisung der Gesichtszüge – ich ahne Böses. Stille und Zeitlupentempo machen sich breit.

Ich durchbreche die Stille und frage: „Weshalb schaust du mich jetzt so an?" Thomas antwortet: „Nichts Schlimmes. Nur, ich habe das noch nie geschafft." Wie bitte? Mein erfahrener und langjähriger Fluglehrer hat das noch nie geschafft?! Ich frage nach: „Weshalb?" Er antwortet, dass die vorherrschenden Windverhältnisse – in der Regel eine Föhnlage – ihm jeweils eine Landung verunmöglicht hätten. Bravo. Jetzt ist die Messlatte gerade nochmals höher gelegt worden. Glücklicherweise herrscht heute gerade kein Föhn in Bad Ragaz vor.

Einen Plan B hatte ich mir ja bereits zurechtgelegt. Ich habe mir für Bad Ragaz zwei Durchstartmanöver „bewilligt". Sollte es nicht klappen, weichen wir nach St. Gallen-Altenrhein (ICAO-Code LSZR) aus. Hier gibt es eine wesentlich längere Piste, keine Hindernisse im An- und Abflugbereich und keine Berge. Das Komfortpaket quasi. Zudem haben sich unsere Gastgeber bereiterklärt, das fliegende Fussvolk auch an diesem entlegeneren Ort abzuholen.

Mit einem etwas mulmigen Gefühl starte ich in Basel. Wir umfliegen Zürich in ständigem Kontakt mit „Zürich Information" und befinden uns nach einer Stunde Flugzeit in der im Internet beschriebenen Geländekammer. Ja, und ich erkenne sogar die detailliert charakterisierten Wegpunkte wieder. Juhee!

Und schon bald befinden wir uns im Endanflug zur Piste 30. Jetzt ist das sehr tiefe Überfliegen des Dachs des Restaurants „Schlössli Büel" gefragt. Ich gestehe mir dennoch eine gewisse Überhöhung ein und fliege über das ominöse Dach. Mit viel zu viel Energie kommen wir in die Nähe des Aufsetzpunktes. Das wird nicht reichen, wir sind viel zu schnell, die kurze Piste saust nur so unter uns durch. Ein Durchstartmanöver ist angezeigt. Volle Leistung setzen und schon gewinnen wir wieder an Höhe. Ich fluche lautstark, so wie es Petra von mir nicht gewohnt ist und wie ich es Ihnen nicht zumuten kann. Chance Nummer eins von zwei vergeben. Petra schaut mich verdutzt an. Ich sage ihr, sie brauche sich nicht zu sorgen.

Jetzt kommt Sportsgeist auf. Ich nehme die Herausforderung an und halte mich peinlichst an die beschriebenen Punkte. Insbesondere dem Punkt „Dach" schenke ich noch grössere Aufmerksamkeit. Und die ist auch dringend notwendig.

Ich überfliege das Dach des Restaurants so tief, dass ich das Gefühl habe, die Ziegel würden hinter uns in Hollywoodmanier reihenweise abheben und die Wirbelschleppen des Flugzeugs den Gästen das Essen aus den Tellern fegen. Doch siehe da, alles scheint bestens und wir setzen schulbuchmässig auf.

Ausrollen und rechts parkieren. Motor abstellen und durchatmen. Kaum ausgestiegen kommen uns auch schon unsere beiden Gastgeber entgegen. Bea trägt auf ihrem Arm ihren Sohn Jonas, der gerade mal fünf Wochen als Erdenbürger zählt. Bereits bahnt sich die nächste Herausforderung für mich an, da ich zu diesem Zeitpunkt in Sachen Babys so gut wie keine Erfahrung habe. Sie braucht zwei freie Hände und drückt mir Jonas in den Arm. „Wie halten? Und ja nichts kaputt machen!", schiesst es mir durch den Kopf. Leider ist keine Gebrauchsanweisung dabei. Sie spüren es, die neue Herausforderung hat das soeben Gemeisterte gerade übertroffen.

Spätestens beim Feuerwerk des Fürsten kann auch ich mich wieder entspannen, den Hals und Nacken ausfahren und wir geniessen eine schöne Zeit im St. Galler Rheintal.

Unser Flugzeug vor imposanter Kulisse mit dem Restaurant „Schlössli Büel" (links) und der Burgruine Freudenberg (rechts).

Zonenkonform

Ein wunderbarer Flug mit Freundin Janine als Co-Pilotin steht bevor. Leider passt ihr die von mir zu diesem Anlass mitgeführte Pilotenmütze Grösse 56 nicht. Sie ist ihr schlicht zu klein! Eigentlich ungewöhnlich für eine Lady, diente die Mütze doch lange Jahre einem gestandenen Kapitän der damaligen Basler Fluggesellschaft Crossair als Kopfschmuck. Nun ja, Janine weigert sich ja nach der Anprobe eh auch standhaft, diese im Rahmen des bevorstehenden Fluges anzuziehen. So bleibt die Mütze unbenutzt im Auto auf der Hutablage liegen.

Wir starten auf dem Flughafen Basel-Mülhausen (ICAO-Code LFSB) auf der Piste 15 und drehen gegen Westen ab, wo wir in Folge die Pflichtmeldepunkte „Whiskey-Bravo", „Whiskey-Alpha" und zuletzt „Whiskey" überfliegen und dies jeweils dem Turm melden. Dieser fragt uns nach unserem beabsichtigten weiteren Flugweg, insbesondere der gewünschten Flughöhe, und entlässt uns alsbald in die gefühlte regulatorische Freiheit.

Wir drehen weiter gegen Süden, überqueren den Jura und gelangen schon bald an den Jurasüdfuss. Vor uns liegen der Bieler-, der Neuenburger- und dahinter versetzt der Murtensee. Dieser Ausflug wird auf Flugplätzen oft als Drei-Seen-Rundflug angepriesen. Ein Klassiker schlechthin.

Janine ist begeistert und unaufhörlich damit beschäftigt, die Aussicht auf dem mitgeführten Smartphone zu dokumentieren. Nach ein paar Schleifen über den Seen unterbreche ich die Dokumentationsreihe und kündige die bevorstehende Landung auf dem Flugplatz Neuchâtel-Colombier (ICAO-Code LSGN) an. Die Maschine und die Kabine inklusive Co-Pilotin ohne Pilotenmütze werden für die bevorstehende Landung vorbereitet.

Im Endanflug der Piste 05 überfliegen wir die berühmt berüchtigten Pappeln, die jedes Jahr noch höher gewachsen erscheinen. Kaum haben wir diese überwunden, gilt es, Energie zu vernichten, um am Beginn der Piste aufzusetzen. Segeln ohne Ende. (Die Pappeln gibt es heute im Übrigen nicht mehr.)

Wir parkieren das Flugzeug, stellen den Motor ab und packen unsere sieben Sachen. Auf dem Weg zu den Flugplatzgebäuden laufen wir vorbei an einer Gruppe von Menschen, die es bevorzugen, sich ohne ersichtlichen Grund aus einem funktionierenden Flugzeug zu werfen. Fallschirmspringer. Nur so viel dazu: Piloten werfen sich nicht ohne einen dringenden Grund aus einem intakten Flugzeug.

Einmal mehr geht es ins C-Büro. Wir ahnen noch nicht, dass uns gleich eine Begegnung der besonderen Art bevorsteht. Ein Vater mit seinem Sohn gesellt sich zu uns und teilt uns ohne Begrüssung mit: „Ihr habt die militärische Sperrzone verletzt!" Zwecks Beweisführung zeigt mir der Sohn stolz seinen Tablet-Computer mit Kartendarstellung. Darauf zu sehen sind die rot eingezeichneten Flugbeschränkungsgebiete nördlich vom Militärflugplatz Payerne und der aufgezeichnete Verlauf ihres Fluges im Gegenanflug auf die Piste 30, nahe der horizontalen Grenze der beiden Flugbeschränkungsgebiete. Wohlgemerkt handelt es sich um den aufgezeichneten Verlauf ihres und nicht unseres Flugweges.

Ich erlaube mir zu fragen, was ihr Flugweg mit unserem gemeinsam hat. Prompt die Antwort: Sie seien uns in der Platzrunde seitlich versetzt gefolgt. Aha, so eine Art ungewünschter und unvereinbarer Formationsflug also. Ich erwähne nebenbei, dass das erwähnte militärische Flugbeschränkungsgebiet zurzeit nicht aktiv sei, was ich vorgängig im Rahmen meiner Flugvorbereitung herausgefunden habe. Zur Beweisführung wird das „Daily Airspace Bulletin Switzerland", abgekürzt DABS, konsultiert. Dabei handelt es sich um eine offizielle Luftfahrtpublikation der Schweiz, welche aktuelle Informationen über den Luftraumstatus für uns Sichtflieger beinhaltet. Zudem erkläre ich, dass ich ständige Hörbereitschaft auf der Frequenz des Militärflugplatzes Payerne erstellt hatte. Unser Gegenüber schaltet nun auf Sendepause. Aber auch hier und heute will ich dankbar sein für den netten Hinweis liebevoller und gewiss nur und ausschliesslich um unsere Sicherheit besorgter Mitmenschen. Durchatmen!

Vielleicht kennen Sie das? Das Expertentum. Es macht auch vor der Aviatik nicht halt. Und so findet man jederzeit einen Piloten, der bei einem Kollegen einen Makel findet oder immer schon kannte und bereits heute das Endresultat einer noch laufenden und hochkomplexen Flugunfalluntersuchung kennt und dies am besten vor laufenden Kameras und offenen Mikrofonen unreflektiert preisgibt.

Nun ja, Janine und ich lassen uns von unserer Absicht nicht abbringen und laufen zu Fuss in Richtung der Pistenachse 05 an den öffentlichen Strand. Dort lassen wir uns im Restaurant „Robin" auf den Rattanmöbeln im Garten nieder und geniessen einen sommerlichen Drink direkt am Ufer des Neuenburgersees. Die gesamte Crew trinkt alkoholfrei, versteht sich; der nächste Hilfssheriff lauert sicher schon um die Ecke. Cheers!

Lädt nicht nur Tiere zum Baden ein: Blick vom öffentlichen Strand auf den Neuenburgersee.

Hasen und Amalgam

Es ist wieder Ferienzeit. Gemeinsam mit Petra bin ich auf der Suche nach einem Urlaubsziel. Zwei Vorgaben sind bereits beschlossen: Meer und Fliegen. Einschränkungen gibt es bei der Auswahl des Meeres keine. Beim Fliegen schon: Ich muss dafür lizenziert und eine entsprechende Maschine muss verfügbar sein. Bis zu diesem Punkt ist die Auswahl noch mittelmässig.

Jetzt kommt das Wetter ins Spiel. Der Weg Richtung Süden ist zu. Mittelmeer, genauer Ligurisches Meer, gestrichen. Der Westen nicht besser. Atlantik ade. Der Osten: Naja. Adria auch aus dem Rennen. Übrig bleibt die Himmelsrichtung, in die die rote Kompassnadel zeigt: Norden.

Einfach gesagt. Ich kenne mich nicht aus im Norden. Nun folgt das Prozedere, das Ihnen schon bekannt ist: Luftfahrtkarte aufschlagen und nachsehen, welche aviatischen Häfen sich anbieten.

Im Norden Deutschlands wird man glücklicherweise schnell fündig. So bieten sich uns diverse bekanntere Destinationen mit eigenen Flugplätzen wie Sylt, aber auch weniger bekannte wie Norderney an.

Auch hier gilt die allgemeingültige Regel: Je bekannter, desto teurer. Und so entscheiden wir uns für Norderney, eine der Ostfriesischen Inseln in der Nordsee. Auf zu neuen Ufern!

Unser Weg führt uns innert einem Tag vom Flughafen Basel-Mülhausen (ICAO-Code LFSB) mit einem ersten Zwischenstopp in Speyer (ICAO-Code EDRY) nach Osnabrück-Atterheide (ICAO-Code EDWO). Hier gilt es, die letzte Etappe zum Verkehrslandeplatz Norderney vorzubereiten.

Da uns der Flug wiederum über das offene Meer führen wird, dürfen wir nun die artig mitgeführten Schwimmwesten montieren. Wie bereits im Kapitel „Tea Time" beschrieben, ist es immer wieder ein aufregender Moment, kommt eine Flugreise an diesen Punkt.

Leider spüre ich nicht nur den leichten Druck der Schwimmweste an meinem Körper. Auch einer meiner Zähne macht mit einem Druckgefühl zunehmend auf sich aufmerksam. In Osnabrück schaue ich im Spiegel auf der Toilette nach. Tatsächlich handelt es sich, wie vermutet, um einen bereits früher zahnmedizinisch mit einer Amalgamfüllung versorgten Zahn; umgangssprachlich: mit einer Plombe versehen.

Diese Plombe weist bereits eine längere Verweildauer in meinem Mund auf und kriegt vermutlich grad hier und heute ein paar deftige Alterserscheinungen, wie einen Riss oder Ähnliches. Frisch fröhlich zirkuliert Luft in kleinen, aber feinen Mengen zwischen dem Hohlraum unter der Füllung und dem Umgebungsdruck in meinem Mund. Zudem verfüge ich über keine Druckkabine in meinem Flugzeug.

Verstärkt und vermutlich erst durch diesen Umstand bemerkt wird dies durch die grossen Höhenunterschiede, die wir im Verlauf der heutigen Reise bereits erleben durften. Die tauchende Zunft unter Ihnen kennt dieses Phänomen der ungewünschten Luftausdehnung unter einer Zahnfüllung im Übrigen ja leider auch.

Nun ja, so schlimm, dass ich die letzte Etappe nicht mehr in Angriff nehmen kann, ist es nicht, und wir starten in Richtung Nordsee. Erleichternd kommt hinzu, dass keine grossen Höhenunterschiede mehr zu bewältigen sind. Dennoch habe ich mich geistig bereits mit dem Besuch eines Insel-Zahnarztes angefreundet. Und wie Sie aus einem früheren Kapitel wissen, sind bei mir Besuche beim Zahnarzt ähnlich beliebt, wie „sich auf dem Turm melden" zu müssen.

Nach einem kurzweiligen Flug sehen wir bereits die ersten Leuchttürme. Wohnte nicht der Komiker Otto Waalkes in einem solchen? Im Film „Otto der Ausserfriesische" diente ihm der Pilsumer Leuchtturm als Wohnung. Und so halten wir aus der Luft Ausschau nach Otto, aber sehen können wir ihn leider nicht.

Letzte Meter Festland mit Windfarmen. Die Inseln sind bereits am Horizont zu sehen.

Die letzten Meter Festland rauschen unter uns vorbei und wir überfliegen bei Beginn der Dämmerung das Wattenmeer der Nordsee. Wunderbar, von oben zu sehen, was Mutter Natur hier alles vollbrachte. Viel Zeit für die Eindrücke bleibt leider nicht, so gilt es doch für den „Pilot in command", abgekürzt PIC, die Landung vorzubereiten.

Die Kontaktaufnahme mit dem Turm und der Anflug gestalten sich unproblematisch. Man spürt förmlich, dass hier ein anderes Zeitgefühl herrscht. Auch meinem Zahn wird ein bisschen weniger Hektik und Druck, im wahrsten Sinne des Wortes, sicherlich gut tun.

Im Endanflug auf die Piste 08 sehe ich Ansammlungen von kleinen, sich schnell im Zick-Zack bewegenden Fellknäueln, welche auf der gesamten Piste verteilt sind. Diese wirken nicht bedrohlich und werden mir vermutlich auch die Landebahn freigeben. Doch was ist das?

Es handelt sich um Wildkaninchen, welche die Piste in Beschlag genommen und zu ihrer persönlichen Rennstrecke erkoren haben. Später sehe ich, dass die Tiere die komplette Insel zu ihrem Lebensraum ernannt haben.

Die Kaninchen erweisen unserem Flugzeug den nötigen Respekt und wir setzen sicher auf Norderney auf. Wir zurren das Flugzeug fest und begeben uns zur Zahlung der Landetaxe in das Flugplatzgebäude. Hier werden wir herzlich empfangen und erhalten auch gleich ein paar Vorschläge zur Übernachtung inklusive telefonischer Nachfrage, ob es noch freie Zimmer gibt.

Mit dem Taxi fahren wir zum empfohlenen Hotel im Nordwesten der Insel. Alles ist wunderbar, wäre da nicht das Pochen meines Zahnes. Und so frage ich beim Einchecken auch gleich nach einem Zahnarzt für den nächsten Morgen. Die Gastgeber kümmern sich rührend um uns und wir erhalten die Adresse eines Zahnarztes, bei dem wir uns am nächsten Morgen melden können.

Um den ersten Urlaubstag dennoch weitestgehend geniessen zu können, nehme ich ein Schmerzmittel ein und vergesse beim anschliessenden Nachtessen in der Nähe des Meeres schon fast meinen „üblen" Zahn. Gute Nacht!

Am nächsten Morgen, gleich nach dem Frühstück, telefoniere ich mit der empfohlenen Zahnarztpraxis. Ich habe Glück und kann bereits in zwei Stunden einen Termin wahrnehmen. Das Hauptverkehrsmittel in Norderney ist das Fahrrad. Und so mieten wir zwei Fahrräder und begeben uns zur Zahnarztpraxis.

Den genauen Behandlungsablauf will ich Ihnen ersparen. Auf jeden Fall erhalte ich für den nächsten Morgen einen weiteren Termin zur Kontrolle und so wissen wir bereits jetzt, dass wir sicherlich einen weiteren Tag auf Norderney verbringen dürfen.

Mit unseren Fahrrädern erkunden wir auf eigene Faust die gesamte Insel und lassen am Abend den Tag mit einem Drink im Strandkorb Revue passieren.

Unsere Ferien und Zahnarztbesuche neigen sich dem Ende zu und wir planen mit einer gehörigen Zeitreserve unsere Rückreise. Einen letzten Abend auf der Insel und schon gilt es wieder Abschied zu nehmen. Ahoi Norderney!

Auf dem Rückflug versuche ich nach der Verabschiedung von der Turmfrequenz von Norderney Kontakt mit der zuständigen Flugsicherung von „Bremen Information" herzustellen. Ich setze meinen Erstaufruf ab. Stille, Stille und noch einmal Stille. Das Funkgerät hat ja eben noch funktioniert und so überprüfe ich die eingerastete Frequenz. Auch diese scheint korrekt zu sein.

Unvermittelt meldet sich eine ruhige, tiefe, männliche Stimme aus dem Äther: „Moin, Moin. Hier ‚Bremen Information'. Ich habe meinen Kaffee verschüttet und musste erst einmal aufwischen. Bitte entschuldigen Sie!" Petra und ich schauen uns schmunzelnd an. Wir hoffen, wir können ein wenig von dieser Ruhe und Gelassenheit mit nach Hause und in den Alltag nehmen. Moin, Moin!

Vorfeld-Falle

Thank God it's Friday. Ich treffe mich mit Adriano und seiner Freundin Claudia zum gemeinsamen Nachtessen. Uns ist es nach thailändischem Essen. Und so gehen wir gemeinsam in das Clublokal – genannt „Pintli" – der Motorfluggruppe Basel beim Flughafen Basel-Mülhausen, wo jeweils am Wochenende für Mitglieder und Gönner feinstes Essen aus der Thai-Küche feilgeboten wird. Hier wird mit viel Liebe, Passion und Leidenschaft in einem familiären Umfeld gekocht.

Die Wartezeit auf das Essen verkürzen wir uns mit einem Apéro und plaudern vergnüglich über Gott und die Welt. Natürlich ist es in einem kerosingeschwängerten Umfeld wie hier unmöglich, nicht irgendwann ein aviatisches Thema aufzugreifen, und schon bald sprechen wir bei thailändisch zubereiteten Crevetten über die Fliegerei.

Lecker & scharf: Gerüchteweise mussten dem Autor nach dem Verzehr auch schon mal Gurkenscheiben gegen die Schärfe durch das Personal zugeführt werden.

Claudia – von mir aufgrund ihrer noblen britischen Zurückhaltung liebevoll „Darling" genannt – interessiert sich immer mehr für das Thema und fragt mich, ob sie nicht einmal in einen solchen Flieger sitzen darf. Den Wunsch von Darling kann ich natürlich nicht ausschlagen und so bezahlen wir die Zeche. Um ca. 22:30 Uhr verlassen wir das Lokal in Richtung des künstlich beleuchteten Vorfeldes. Hier warten die Kleinflugzeuge bereits geduldig auf ihre Einsätze am nächsten Tag.

Ich halte den elektronischen Ausweis des Flughafens an den Sensor der Drehtüre zum Vorfeld der General Aviation. Die rote LED-Lampe wechselt, begleitet von einem akustischen Signal, auf die Farbe Grün. Alle durchgeschleust, begeben wir uns zu dem von mir angemieteten Flugzeug. Darling nimmt auf dem linken Sitz Platz und ist sichtlich begeistert. Ich erkläre die Instrumente und beantworte ihre Fragen, während Adriano draussen wartet und den Sternenhimmel begutachtet. So weit, so gut, alle sind glücklich.

Wir beenden die Exkursion, schliessen die Flugzeugtüre und laufen in Richtung der Drehtür, durch welche wir hereingekommen sind. Wiederum halte ich den Ausweis an den Sensor, doch oh weh, keine grüne Lampe, sondern ein unmissverständliches Piepsen mit blinkendem rotem Lichtsignal! Ich versuche es mehrmals; es scheint, als will man uns nicht mehr rauslassen. Die Lampe blinkt wie wild rot und will ihre Farbe partout nicht wechseln. Wir sind gefangen auf dem Vorfeld. Nur wenige Optionen bieten sich in der ersten Minute an: Darling für einen Hilferuf durch die Gepäckschleuse reichen? In einem Flugzeug oder im Hangar übernachten?

Wir nehmen eine neue Lagebeurteilung vor und kommen zum Schluss, dass wir unsere „Notlage" dem Flughafen kommunizieren müssen. Glücklicherweise habe ich aus flugtaktischen Gründen die Telefonnummer des Towers auf meinem Mobiltelefon gespeichert. Und da es sich um einen internationalen Flughafen handelt, ist der Turm um diese Zeit nach wie vor besetzt. Es ist mittlerweile Viertel nach elf Uhr nachts.

Der Beamte auf dem Turm versteht meine Notlage und schon nach kurzer Zeit erscheint ein Follow-me-Fahrzeug und will uns mitnehmen. Leider verfügt dieses Fahrzeug nur über einen Beifahrersitz. Keine Chance also, dass alle Platz darin finden. Der Fahrer lächelt und teilt mit, er werde mit einem grösseren Fahrzeug wiederkommen. Gesagt, getan, es fährt ein Follow-me-Fahrzeug der Lieferwagen-Klasse mit reichlich Sitzplätzen darin vor. Einmal mehr darf ich Follow-me-Wagen fahren. Diesmal mit Freunden.

Der Fahrer bringt uns zu einem Gate, bei welchem gerade ein Airliner mit Passagieren aus Afrika angedockt hat. Er öffnet uns die Türen und teilt uns mit, wir sollen mit den anderen Passagieren in Richtung der Grenzkontrolle laufen. Wir bedanken uns bei ihm für den aussergewöhnlichen Service und sind froh, es bald geschafft zu haben, so quasi an den Ursprung der Geschichte zurückzukehren. Glücklicherweise tragen alle eine gültige Identitätskarte mit sich. Aber auch hier liegt der Teufel im Detail.

Nun pilgern wir also mit den Passagieren aus Afrika in Richtung Grenzkontrolle. Diese Passagiere haben alle einen Pass dabei; wir lediglich Identitätskarten und kein einziges Stück Handgepäck. Verdächtig, nicht?! Das findet auch der Grenzbeamte. Und so erzähle ich ihm proaktiv die unglaubliche Geschichte eines harmlosen Ausgangs mit Nachtessen und Besichtigung etc. Vermutlich hat uns einzig und allein mein General-Aviation-Ausweis des Flughafens aus dieser Misere gerettet und wir dürfen passieren. Der Grenzbeamte will sich die Geschichte nicht einmal zu Ende anhören.

Wir durchqueren das Flughafengebäude und stehen vor dem Haupteingang bei der Ankunft. Nun folgt ein kleiner Fussmarsch über einen Kilometer zurück in Richtung der General Aviation. Schon fast dort angekommen, ist Adriano mental und körperlich derart fertig, dass er insgeheim hofft, dass das „Pintli" noch geöffnet ist und er einen Teil der verloren gegangenen Kalorien wieder in Form von Frühlingsrollen zu sich führen kann. Erneut haben wir Glück. Im „Pintli" brennt noch Licht. Wir treten ein und werden nochmals bewirtet.

Hier erzähle ich den Anwesenden wiederum ungefragt meine Räubergeschichte. Ein Pilotenkollege erklärt mir, dass die Drehtüren um 23 Uhr schliessen. Und ab diesem Zeitpunkt bis in die Morgenstunden gibt es kein Ein und Aus, ob berechtigt oder nicht. Aha! Beherzt beisse ich in meine Frühlingsrolle.

Das Clublokal der Motorfluggruppe Basel, genannt „Pintli". Es befindet sich seitlich am berühmten Lucky-Hangar des Flughafens Basel-Mülhausen.

Bitte warten

Ich befinde mich gerade mit Petra auf der fliegerischen Durchquerung Deutschlands. Auf unserer Reise gen Norden sind mehrere Zwischen- und Tankstopps angesagt.

Wenn ich in meiner Jugend beabsichtigte, ein Museum, einen speziellen Verkaufsladen oder Ähnliches aufzusuchen, mahnte mich mein Vater jeweils zu folgendem Vorgehen: „Rufe immer vorher an! Das Telefonat kostet dich in jedem Fall weniger, als wenn du dort hingehst und dann vor geschlossenen Türen stehst oder das gewünschte Produkt gerade nicht auf Lager ist."

Es scheint, als nehme ich mir diesen früheren Ratschlag noch immer zu Herzen. Und so rufe ich beim nächsten Flugplatz kurz vor unserem Abflug an, schliesslich möchte ich sichergehen, dass der Betankung unseres Flugzeuges nichts im Wege steht. Der freundliche Herr am anderen Ende der Leitung teilt mir Folgendes mit: „Sie können gerne kommen, wir freuen uns auf Ihren Besuch. Rechnen Sie jedoch mit einer Viertelstunde Wartezeit in unserem Warteraum." Ich denke: Entweder die erlauben sich einen Spass mit mir oder die meinen das ernst. Ein kleiner, idyllischer Flugplatz inmitten Deutschlands, der mit solchen Wartezeiten prahlt?

Nun ja, da wir im Grundtenor willkommen geheissen werden, machen wir uns auf die Reise. Im Zielgebiet raste ich die Frequenz des Flugplatzes in mein Funkgerät und staune nicht schlecht, dass bereits auf dem Funk eine Menge los ist. Artig melde ich mich fünf Minuten vor Erreichen des Flugplatzes auf der Frequenz und erkläre unsere Absicht, hier einen Tankstopp einzulegen. Prompt wird mir erklärt: „Bitte warten Sie für ca. 15 Minuten im Warteraum, welcher sich drei Meilen südwestlich von unserem Flugfeld befindet. Wir rufen Sie zurück." Tja, da scheinen die doch einen auf ernst zu machen. Noch immer ahnen weder Petra noch ich, weshalb.

Nach einer gefühlten Ewigkeit im Warteraum folgt endlich der erlösende Aufruf: „HB-CYU, melden Sie den rechten Queranflug Piste 08." Und so leite ich den Kurvenflug aus und steuere unser Flugzeug in Richtung des besagten rechten Queranflugs der Piste 08.

Im Rahmen der Vorbereitungen zur Landung und kurz vor dem Übergang in den Queranflug wundere ich mich über den Rettungswagen, welcher bei den Hangars zu sehen ist. Dann wundere ich mich über das Tanklöschfahrzeug der Feuerwehr, die vielen parkierten Flugzeuge inklusive einer Antonow An-2 auf der Seite und überhaupt die vielen Menschen.

Vermutlich hat es der geneigte Leser schon lange herausgefunden: Auf diesem kleinen, idyllischen Flugplatz findet gerade ein grosses, spektakuläres Fliegerfest statt. Und wir sind in Kürze nicht nur mittendrin, sondern in der ersten Reihe.

Ich gehe davon aus, dass ich noch nie so viele Zuschauer bei einer Landung hatte. Doch irgendwie gelingt es mir, die Besatzung und das Flugzeug in Pistenrichtung mit der Erde sanft kollidieren zu lassen. Prompt werden wir von einem freundlichen Herrn auf einem Quad, der zu einem Follow-me-Fahrzeug umfunktioniert wurde, zu unserer Parkposition gelotst. Herzlich willkommen!

Über die Lautsprecheranlage hören wir gerade noch den Satz: „Begrüssen Sie mit uns die Besatzung der HB-CYU, die extra aus der Schweiz zu uns angereist ist!" Ups. Das mit dem Tankstopp auf der Durchreise erzählen wir ab diesem Zeitpunkt besser niemandem mehr.

Die Freude ist auf beiden Seiten gross. So wird Petra gleich von den Damen des Organisationskomitees herzlich zu Kaffee und Kuchen eingeladen und ich darf mich mit den männlichen Kollegen um die technischen Belange wie beispielsweise die Betankung des Flugzeugs kümmern. Im Hintergrund tobt das Fliegerfest in voller Grösse: Es dröhnen die Motoren!

Tanken ist auch ein spannendes Thema. Voraussetzungen sind eine Tankstelle, ein bevorratetes Produkt und eine entsprechende Gegenleistung, beispielsweise in Form von Geld. In unserem Fall trägt das gewünschte Produkt den hübschen Namen „Avgas 100 LL", was für „Aviation Gasoline" (Flugbenzin) mit der Motoroktanzahl (MOZ) 100 und dem Zusatz „Low Lead" (bleiarm) steht.

Lagebeurteilung: Tankstelle vorhanden, Produkt vorhanden, Gegenleistung in Form einer Kreditkarte theoretisch möglich. „Sorry, Kreditkarte können wir nicht annehmen", wird mir jedoch mitgeteilt.

So stehe ich da, mit einem Flugzeug, das gerade noch für eine gute Stunde Flugzeit Benzin im Tank hat. Zudem ist eine Dreiviertelstunde Reserve durch den Regulator vorgeschrieben. Nun ja, wenigstens ist Petra nicht unterzuckert.

Dann höre ich den erlösenden Satz des Clubpräsidenten: „Manfred kann dich mit seinem Auto ins nächste Dorf zu einem Geldautomaten fahren." Gesagt, getan. Gemeinsam mit Manfred mache ich mich auf den Weg.

Es sind gefühlte 100 Kilometer bis zum nächsten Dorf und ich erleichtere den dortigen Geldautomaten um ein paar Euro-Scheine, was meine Kreditkarte im Gegenzug ebenso stark – wenn nicht noch stärker – belastet.

Auf der Rückfahrt sind es nur noch gefühlte 50 Kilometer, spinnen doch Manfred und ich eifrig Fliegergarn. Was Fliegergarn ist, wissen Sie ja spätestens nach dem Lesen dieses Buches.

Auf dem Flugfeld angekommen, unterhalten wir uns noch eine Weile mit unseren neuen Fliegerbekanntschaften, bedanken uns für die Hilfe und geniessen nebenbei das Fest.

Der Zeitpunkt ist gekommen und wir verabschieden uns zwecks Verschiebung des Flugzeugs zur Tankstelle. Inzwischen habe ich Petra feierlich die frisch gefüllte Bordkasse übergeben.

Die Tankstelle befindet sich exakt vor der mit Zuschauern besetzten Tribüne, welche extra für diesen Anlass aufgebaut wurde. So betanken wir unser Flugzeug unter den interessierten Blicken von mehreren hundert Aviatikbegeisterten. Das Zählwerk der Tanksäule schnurrt dabei zufrieden wie eine Katze. Auf jeden Fall bleibt es irgendwann bei der gewünschten Literanzahl und einem dreistelligen Eurobetrag stehen. Petra staunt und bezahlt die Zeche in bar beim Tankwart.

Noch ein letzter Check und ich starte den Motor. Schon bald erhalten wir eine Rollfreigabe und im Anschluss eine Startfreigabe. Wir verlassen das Fest und ziehen weiter in Richtung Norden Deutschlands – wir waren ja nur auf der Durchreise. Doch dies bleibt unser Geheimnis. Auf jeden Fall sind wir dankbar für die grosse Hilfsbereitschaft, die wir hier erleben durften.

Cessna 172 parkiert auf dem Flugplatz Bressaucourt (ICAO-Code LSZQ).